DEUXIÈME ASSEMBLÉE

DES

SYNDICATS INDUSTRIELS

ASSUJETTIS A LA LOI

concernant

Les Responsabilités des Accidents

PROCÈS-VERBAL DE LA SÉANCE DU 17 AVRIL 1899

PARIS

IMPRIMERIE ÉDOUARD DURUY

22, Rue Dussoubs, 22

—

1899

DEUXIÈME ASSEMBLÉE

DES

SYNDICATS INDUSTRIELS

ASSUJETTIS A LA LOI

concernant

Les Responsabilités des Accidents

PROCÈS-VERBAL DE LA SÉANCE DU 17 AVRIL 1899

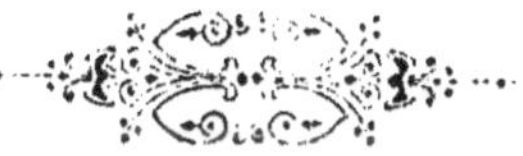

PARIS

IMPRIMERIE ÉDOUARD DURUY

22, Rue Dussoubs, 22

—

1899

DEUXIEME ASSEMBLÉE

DES

NDICATS INDUSTRIELS

ASSÚJETTIS A LA LOI

concernant

Les Responsabilités des Accidents

Procès-verbal de la séance du 17 Avril 1899

séance est ouverte à 2 heures 25, sous la présidence de M. A. Pinard, dent de la Commission exécutive en vue de la création d'une Société urance mutuelle contre la responsabilité des accidents du travail.

I. Scilliot, ancien vice-président de la Chambre de commerce de Paris;

Expert-Bezançon, président du Comité central des chambres syndicales;

David-Mennet, vice-président de l'Association générale des tissus et matières textiles;

Jouanny, secrétaire-rapporteur de la Commission exécutive;

Matignon, directeur de la Caisse d'assurances mutuelles des chambres syndicales.

ment place au Bureau.

LE Président. — J'ai reçu des lettres d'excuses de M. André Lebon, ancien istre du commerce, ancien ministre des colonies, de M. Laroche-Joubert, uté, tous deux retenus à la session du Conseil général de leur département ectif; plusieurs de nos collègues et amis, membres du Tribunal et de la mbre de commerce, présidents de syndicats, retenus pour divers motifs, is témoignent leurs regrets de ne pouvoir être des nôtres aujourd'hui; A. Funnouze, vice-président de la Chambre de commerce de Paris, obligé de ssenter, nous confirme sa souscription à notre cautionnement, ce qui ne vous nnera pas de sa part, car vous savez combien il est dévoué à toutes les vres d'intérêt général.

Je remercie M. Suilliot, ancien vice-président de la Chambre de commerce, d'avoir bien voulu nous apporter par sa présence ses encouragements et son appui; je remercie également mon excellent ami M. Expert-Bezançon, président du Comité central des chambres syndicales, et mon dévoué collègue M. David-Mennet, vice-président de l'Association générale des tissus et matières textiles, d'avoir bien voulu prendre place au Bureau.

MESSIEURS,

Lors de notre réunion du 20 mars dernier, vous nous avez confié le mandat de jeter les bases d'une société d'assurance mutuelle générale, susceptible de recueillir provisoirement toutes les professions assujetties à la loi du 9 avril 1898.

C'est ce projet d'organisation que notre distingué secrétaire-rapporteur, M. Jouanny, va vous exposer.

Nous n'avons pas, Messieurs, la prétention, croyez-le bien, de satisfaire toutes les opinions, surtout en présence de la campagne si ardente dirigée actuellement contre l'assurance mutuelle.

Nous faisons simplement appel à tous les partisans de la liberté, de l'initiative individuelle, à tous les industriels qui, après un examen attentif des charges et de l'inconnu de la loi nouvelle, sont soucieux de réserver l'avenir, de faire eux-mêmes leurs propres affaires, et n'éprouvent nullement le besoin de se mettre à l'entière discrétion des compagnies « accident » à capital.

Permettez-moi de vous citer à ce sujet les paroles prononcées tout récemment au Conseil général de l'Aisne par M. le sénateur Sébline, que vous connaissez tous, car il est président d'honneur de l'Association de l'industrie française.

M. SÉBLINE : « Si le patron ne veut pas être son propre assureur, et dans la
« plupart des cas, il a raison, il peut s'assurer à une compagnie à primes fixes.
« Mais là il y a un danger à éviter.

« Nous avons craint que ces compagnies ne vinssent à se syndiquer, c'est
« d'ailleurs chose faite, paraît-il, à l'heure actuelle. Alors nous avons dit : « Si
« nous mettons l'industrie dans les mains de ces compagnies à primes fixes, il
« est incontestable que l'industrie sera jugulée, elle paiera un taux excessif. »

« Qu'avons-nous fait ?

« Nous avons donné aux industriels la facilité de se réunir et de fonder des
« mutuelles de façon à concurrencer les compagnies à primes fixes et par con-
« séquent à abaisser le taux. »

Ce taux, Messieurs, nous sommes aujourd'hui en mesure de l'établir, et je ne crois pas trop m'avancer en vous déclarant qu'il sera en moyenne, et au minimum, inférieur de 20 0/0 environ à celui des compagnies à capital.

Ceci dit, je donne la parole à notre secrétaire-rapporteur, M. Jouanny.

RAPPORT DE M. JOUANNY

M. LE RAPPORTEUR. — Messieurs, dans notre dernière réunion, nous avons comparé les différents systèmes d'assurances et vous nous avez donné le mandat d'étudier la forme d'une société d'assurance mutuelle générale destinée à toutes les industries assujetties à la loi du 9 avril 1898. C'est le résultat de ces travaux que je vais avoir l'honneur de vous exposer.

Une question se présente tout d'abord, qui semble être une question de détail, mais qu'il est indispensable de traiter, c'est celle du titre de la société à constituer. Les expressions que nous avons mises en relief jusqu'ici sont les suivantes : *assurances mutuelles professionnelles* pour celles qui se spécialiseraient aux industries groupées par l'arrêté du 30 mars, ou *assurances mutuelles générales* pour celles qui s'adresseraient à toutes les entreprises assujetties. Or, il s'est trouvé, justement, que cette dernière expression de mutuelle générale n'était que la répétition d'un titre déjà employé et peut-être un peu compromis ; nous avons cru, dans ces conditions, qu'il était de notre devoir d'en rechercher un autre qui ne prêtât à aucune équivoque, et qui, par sa nouveauté, fût capable de satisfaire à toutes vos préoccupations.

Nous désirions que ce titre rappelât quelque chose de nos syndicats professionnels et nous serions volontiers revenus à l'expression : *mutualité professionnelle* en l'étendant à toutes les professions ; mais nous avons préféré ne pas créer d'équivoque entre notre société et celles qui voudraient s'en tenir à l'assurance de l'un des neufs groupes industriels établis par l'arrêté ministériel. D'autre part, nous avons cru qu'il ne fallait pas employer l'expression « professionnel », parce bien des personnes croient et croiront longtemps encore que l'on ne peut faire de syndicat « professionnel » qu'à la condition de le limiter à une industrie déterminée. Envisageant alors que la loi était faite spécialement pour l'industrie, c'est le mot « industriel » qui nous a semblé le mieux approprié et c'est celui que nous vous proposons d'adopter pour titre de la société d'assurance mutuelle que nous avons à organiser.

La MUTUALITÉ INDUSTRIELLE serait une société d'assurance mutuelle générale contre la Responsabilité des accidents du travail. (*Très bien !*)

Ce titre admis, le siège de la société serait provisoirement 10, rue de Lancry, où fonctionne encore la Caisse d'assurance des Chambres syndicales, qu'administre M. Pinard et qui doit prochainement se transformer pour devenir l'embryon de la Mutualité industrielle.

L'objet, la durée et les obligations de la Société vous seront indiqués dans les explications que nous allons vous donner et pour lesquelles nous avons suivi le texte de la loi de 1868, qui indique les conditions d'existence d'une société d'assurance mutuelle.

La société a pour but d'assurer ses adhérents contre la responsabilité des accidents du travail et de se substituer à eux, dans les conditions déterminées par la loi du 9 avril 1898, pour les indemnités ou pensions à payer aux victimes d'accidents ou à leurs ayants droit.

Cette formule, dans sa concision, nous semble bien résumer l'application de la loi et réaliser la garantie que doit vous donner la société d'assurance : toutes les obligations, toutes les prescriptions de la loi sont prises en charge par la société, qui se substitue aux chefs d'entreprises assurés. Cette formule est aussi large que possible et nous avons cru devoir vous la recommander plutôt que celles d'autres polices d'assurances collectives qui vous ont été offertes jusqu'à présent.

Les bases des indemnités seront celles qui sont prévues dans les articles 2 à 10 du titre I et à l'article 20 du titre III de la loi de 1898.

La Société, représentant les chefs d'entreprises, prend donc à sa charge toutes les indemnités, rentes ou condamnations (autres que les condamnations correctionnelles) qui seraient prononcées contre ses assurés à l'occasion des accidents du travail; elle supporte également tous les frais judiciaires nécessités par les contestations nées à l'occasion de ces indemnités; nous croyons avoir envisagé ainsi tous les engagements que doit prendre une société d'assurance pour répondre aux nouvelles obligations de la loi.

La durée des contrats serait de *trois* ans pour mettre nos statuts en harmonie avec la période triennale de revision prévue par la loi. Nous n'avons pas cru devoir fixer cette durée à dix ans comme dans les projets de police du Syndicat des compagnies d'assurances à primes fixes ; mais, si nous n'avons pas pensé qu'il fût nécessaire de lier l'industriel pour un si long temps, par contre nous croyons que dans un intérêt commun il ne serait pas équitable au début d'une société d'assurance mutuelle de ne faire contracter que des engagements d'un an.

Toutefois, si nous vous demandons des engagements de trois ans, renouvelables par tacite reconduction (avec faculté pour chacune des parties de résilier après un délai de préavis de six mois), nous nous gardons bien d'insérer dans nos statuts la clause de déchéance, qui figure dans la plupart des projets de polices des compagnies d'assurances et qui réserve à ces compagnies le droit de résilier la police, par lettre recommandée, après chaque sinistre déclaré.

Nous estimons que c'est exposer à de pénibles mécomptes l'assuré qui a fait une sincère déclaration de son risque que de lui faire croire qu'il est assuré pour dix ans, alors qu'après chaque sinistre la Compagnie a le droit de résilier son contrat et de le laisser ainsi sans garantie.

Les textes que nous avons préparés prévoient l'établissement du compte de chaque sociétaire pour permettre la comparaison, en fin d'exercice, de la totalité des dépenses avec la totalité des recettes et d'apprécier l'insuffisance de la cotisation. Dès lors il est facile d'établir si cette insuffisance résulte d'un accident exceptionnel ou bien si elle est la conséquence d'accidents fréquents survenus pendant l'année et nécessitant le relèvement de la cotisation.

En résumé, si l'établissement des comptes annuels prouve qu'il y a eu erreur dans la fixation d'une cotisation, la Société recourra à l'avis du Conseil syndical pour apprécier les causes et circonstances au sujet desquelles les prévisions du risque ont été dépassées.

Nous reviendrons tout à l'heure sur le rôle et la constitution de ce Conseil syndical.

La durée de la société sera de 30 ans, et cette société ne pourra être définitivement constituée que lorsqu'elle aura réuni au moins 25 adhérents représentant un minimum de salaires assurés de 10 millions, produisant un ensemble de cotisations minimum de 200,000 francs.

Nous avons cru nécessaire d'établir, au début, ces conditions de sécurité, car nous estimons qu'une société d'assurance mutuelle ne peut pas fonctionner avec chance de vivre dans des conditions de salaires assurés ou de recettes inférieures à celles que je viens d'indiquer. La société exige de chaque assuré, et conformément à la loi de 1868, le versement d'un *trimestre* d'avance. Ici, nous différons encore des polices des compagnies du syndicat à primes qui demande non seulement de payer *six* mois d'avance, mais en outre un droit d'entrée de 2 francs par ouvrier assuré.

La société fait une classification des risques et des tarifs qui sont approuvés par le Conseil d'administration, après avis du Conseil syndical; ils ont pour bases les risques de chaque profession et le taux des salaires payés aux ouvriers ou employés.

L'organisation de la Société comprendra l'établissement de groupes distincts, chacun d'eux se composant des sociétaires ayant, quant au risque, la même connexité. Chaque groupe devra, au moyen de ses recettes, suffire à son existence propre, il devra aussi, comme s'il avait sa propre autonomie, payer ses sinistres. Si, en fin d'exercice, un groupe se trouvait en déficit, la société lui ferait l'avance nécessaire pour la balance de ses comptes et cette avance serait remboursée, soit par les excédents ultérieurs, soit au moyen du relèvement des cotisations.

Cette organisation nous paraît réaliser, dans la mesure où nous le pensons possible, la *professionnalité* dans *la mutualité générale*. Elle a, de plus, l'avantage de réserver les économies aux sociétaires qui les ont produites.

Une comptabilité spéciale donnera toute sécurité aux industries qui pourraient craindre d'avoir éventuellement à supporter les charges d'un autre groupe dont le risque dépasserait le leur.

Cette combinaison est une de celles qui ont fait l'objet de nos plus longues et de nos plus nombreuses délibérations, et il nous semble que ce simple fait, d'avoir créé dans la Mutualité industrielle, assurant tous les risques, des groupes qui auront leur comptabilité comme s'ils étaient autonomes, donnera satisfaction à toutes les craintes qui ont été émises. (*Applaudissements.*)

J'arrive à la question des sinistres. Ils devront faire l'objet de déclarations honnêtes, franches, sincères, telles que doit les faire un industriel qui ne veut ni surprendre ni frustrer ceux qui viennent loyalement s'assurer avec lui dans une mutualité. Cela entraînera pour tous les assurés l'obligation de permettre la vérification de leurs déclarations.

Par l'expérience de la Caisse d'assurances, administrée par M. Pinard, et que dirige M. Matignon, nous connaissons, pour un grand nombre d'industries, les risques qu'elles font courir, en raison de leur installation et de leur outillage.

Nous pourrons donc, à peu près, d'une façon certaine, appliquer à chaque risque une cotisation rationnelle; cependant, s'il y avait erreur d'appréciation si la répétition des sinistres venait à en hausser la base, une revision équitable s'imposerait. Alors, avec la loyauté qui caractérise tout honnête industriel, vous examineriez vous-même votre déclaration en relevant peut-être des omissions ou des négligences, vous indiqueriez que tel outil avait échappé, que tel outillage, dont vous ne vous serviez pas lorsque vous avez fait votre déclaration, est actuellement en usage (peut-être parce que la mode aura ramené son utilisation), et permettant ainsi à la société, une nouvelle appréciation de votre risque, vous contribueriez, par une déclaration franche et sincère, à l'équilibre réel d'une mutualité sincère et également franche. Des dommages-intérêts ne seront demandés que s'il y a eu dissimulation.

*
* *

Que sera maintenant le Conseil syndical ? Il nous a semblé utile d'adjoindre au Conseil d'administration, prévu par le décret de 1868, une sorte de Comité consultatif qui soit l'émanation de nos syndicats, et qui, par sa spécialisation et l'expérience des hommes qui le composeront, augmente la sécurité individuelle des assurés sans cesser de défendre les intérêts de la collectivité représentée par la société d'assurance elle-même. Nous pensons vous proposer de composer ce Conseil syndical, dont le nombre sera proportionnel à celui des assurés dans chaque profession, en faisant un choix surtout parmi ceux à qui vous avez déjà témoigné votre confiance en les nommant présidents de vos syndicats. Enfin, les statuts stipuleront que les contestations qui pourraient naître entre la société et ses assurés seront portées devant le Conseil syndical remplissant le rôle d'arbitre amiable. Ce Conseil, dont le nombre sera variable, se composera aussi bien des délégués des Syndicats de Paris que de ceux des Syndicats industriels de toute la France.

Le Conseil d'administration, au contraire, pour avoir un fonctionnement facile, ne devra être composé que d'un petit nombre d'administrateurs.

Le Conseil syndical sera appelé à donner des renseignements utiles au fonctionnement de l'assurance pour chaque industrie et à se prononcer, le cas échéant, sur le risque réel qu'elle présente. Il pourra même indiquer éventuellement le risque particulier d'un industriel notoirement connu par son imprévoyance. *(Approbation.)*

Messieurs, nous venons de vous présenter les grandes lignes d'organisation de la Mutualité industrielle; mais nous n'avons pas la prétention de venir exposer à une assemblée aussi nombreuse des projets de statuts ; ce sont simplement les bases sur lesquelles ils seront établis, dont je viens de vous donner connaissance, et nous vous remercions de vos approbations.

Après vous avoir fait connaître les principes de c.   organisation, l'objet de la société, comment elle couvrira complètement les risques de la loi, comment vous devrez faire les déclarations, et comment vous serez divisés en groupes autonomes, dans une mutualité générale, nous arrivons à la partie commerciale de la question, et ce n'est pas la moins importante, puisque c'est elle qui doit indiquer à chacun de vous le tarif qui lui sera appliqué ; c'est là ce que vous devez attendre avec anxiété. Je sens bien qu'il a fallu toute votre bienveillance à mon égard, pour ne pas m'avoir prié d'abréger les explications précédentes, et je vous en remercie.

Je vous prie donc de m'accorder encore quelques instants d'attention. (*Très bien ! très bien ! Parlez !*)

* * * * *

Les tarifs que nous avons préparés sont des plus délicats et des plus difficiles à établir. Nous vous avons dit, déjà, qu'en France nous manquions d'une base expérimentale, et ce sont des travailleurs infatigables comme MM. Grüner, Fuster et autres qui nous ont initié à l'expérience de l'Allemagne et de l'Autriche et nous ont appris ce qu'avait coûté l'assurance dans ces pays.

Nous avons fait l'application de cette expérience à notre industrie française, en la contrôlant avec les travaux statistiques de la Caisse d'assurances mutuelles des Chambres syndicales et nous avons la conviction que ce travail, mené à bonne fin par M. Matignon, donnera toute satisfaction à l'industrie. Du reste, s'il existe un aléa, il sera le même pour nous que pour les compagnies à primes fixes et l'élasticité des tarifs d'une société mutuelle doit vous encourager à y recourir.

En effet, si la compagnie à primes a établi un tarif trop bas, en vertu de l'article 9 de ses polices, elle résiliera votre contrat, et si elle l'a fait trop élevé, c'est à son profit que vous serez liés pour dix ans.

Dans la mutualité que nous vous offrons avec des prix inférieurs à ceux des compagnies du Syndicat et avec un engagement maximum légèrement supérieur à ces prix, tous les bénéfices retournent à l'assuré et, vos engagements étant limités, vous êtes sûrs de rester couverts sans risquer une dépense excessive.

Nous avons voulu savoir et nous avons cherché, par les moyens qui étaient en notre pouvoir, à connaître le tarif des primes qui sont demandées par le Syndicat des compagnies françaises qui ont pratiqué l'assurance à primes fixes depuis de longues années. Or, à cette époque printanière, je ne connais que la timide violette qui se dissimule avec plus de soin que ce fameux tarif. Le hasard — mettons que c'est le hasard — a voulu nous servir comme il sert tous ceux qui recherchent la vérité, et voici un exemplaire de ce tarif qui porte, sur une petite feuille accolée sur la couverture, cette notice bien significative :

« Le présent tarif est communiqué à titre personnel et absolument confidentiel : « vous ne devez le communiquer à qui que ce soit — pour quoi que ce soit. » (Hilarité et applaudissements.)

Il y a certainement, dans cette assemblée, non seulement un grand nombre d'industriels, mais aussi quelques représentants des compagnies d'assurances à primes fixes : nous ne les voyons pas, nous ne les connaissons pas, mais il doit y en avoir ; car il y en avait tant et si bien à notre dernière réunion, qu'après y avoir assisté, certains sont venus le lendemain nous demander des places dans la société que nous allions créer ! (*Rires.*) Il est donc très probable qu'avec la même habileté il en est entré dans cette salle aujourd'hui, et n'ayant rien à cacher dans l'organisation de notre loyale concurrence, je continue sans prier ces personnes de sortir. Indépendamment du tarif du Syndicat, on nous a remis et les voici les « *intructions provisoires et personnelles pour MM. les « Représentants de la compagnie XXX* ».

Or, dans ces instructions, nous avons trouvé la preuve d'une sorte de coalition de ces compagnies contre nos intérêts en tant que clients.

Il y est dit à la page 5, sous le n° 26 : « *Les huit compagnies du Syndicat ont « un tarif identique qu'elles se sont engagées à appliquer dans tous les cas, sans « variation, ni dérogation d'aucune sorte. Il sera donc inutile de jamais le « discuter même en présence de concurrents qui en offriraient un autre ; ce tarif « est le résultat de travaux statistiques considérables ; il a été adopté comme un « minimum..... »*

Sous le n° 30, le Syndicat fixe la *commission de ses agents à 7 0/0 des primes encaissées y compris la provision de six mois payée d'avance.*

Vous devez être maintenant édifiés, Messieurs, et vous expliquer l'extrême prudence avec laquelle ces tarifs sont communiqués.

Par contre, il est un tarif que les compagnies à primes fixes n'hésitent pas à faire circuler, celui-là au contraire est distribué à un grand nombre d'exemplaires dans toute l'industrie.

Vous connaissez, Messieurs, le tarif des primes publié le 30 mars dernier et qui fixe le *tiers* des engagements maxima auxquels les industriels doivent souscrire, s'ils entrent dans une *mutuelle professionnelle*. Nous avions espéré avec MM. Ouachée et Pinard que les sociétés mutuelles professionnelles, grâce à un maximum d'engagements, pourraient être exonérées du capital-caution, nous offrions en somme leur crédit au lieu d'un versement comptant ; vous savez que nous avons échoué et que les règlements ont simplement réduit cette caution de moitié.

Si le tarif de l'État avait été exactement calculé, nous pensons encore que le triple eût été un maximum d'engagement acceptable ; mais sans vouloir rechercher l'origine d'un tarif dont la responsabilité retombe sur ses auteurs, il présente de telles inconséquences que ce sont les compagnies qui se complaisent à l'éditer pour éloigner les industriels de la mutualité.

N'écoutez pas, Messieurs, ces conseils intéressés et veuillez bien plutot tenir compte de nos avis. Le tarif de l'État ne s'impose qu'aux *mutuelles professionnelles*, il n'est pas exact, il entrave leur formation, laissons-le pour ce qu'il est. Une *mutuelle générale* comme la nôtre a toute liberté pour fixer le maximum de ses engagements et nous en usons avec sagesse en vous disant : en dehors de la partie appelée, vous n'aurez à souscrire qu'un supplément de 2/5 de votre engagement maximum.

Comparons maintenant nos tarifs à ceux des compagnies du Syndicat; mais, si nous avons cherché à connaître quel était leur tarif, elles chercheront peut-être à connaître le nôtre, et nous comptons sur votre discrétion pour ne nous demander que quelques exemples choisis dans des industries très diverses et peu nombreuses.

Les prix que nous allons vous indiquer sont des prix moyens ; or, il est absolument évident qu'une prime unique pour l'assurance, en général, est aussi bien une utopie qu'une prime unique pour une même industrie, et qu'il n'y a d'exact que des prix individuels établis d'après la nature précise du risque. Les deux facteurs essentiels d'une estimation bien faite résident, d'une part, dans la nature de l'industrie et le soin apporté à prévenir les accidents et, d'autre part, dans le salaire auquel s'applique le risque. Ouvriers et employés étant bénéficiaires de la loi, le prix individuel qui doit vous être attribué peut dépendre sensiblement de l'importance du salaire de vos employés par rapport à celui de vos ouvriers.

Nous sommes maintenant tout à votre disposition pour les questions que vous voudrez bien nous poser, nous vous répondrons en vous fixant notre taux que nous comparerons à celui des compagnies.

M. LE PRÉSIDENT. — Quelqu'un de vous, Messieurs, veut-il nous interroger dans les conditions exposées par M. le Rapporteur?

M. Robert CHARLIE, *secrétaire du Syndicat des brasseurs du Centre et du Midi, adjoint à M. JAUJON, président de ce Syndicat.* — Messieurs, je vous prierai de nous indiquer le taux de la prime pour la brasserie.

M. LE PRÉSIDENT. — L'expérience ne sera pas très concluante, parce qu'il y a en France beaucoup moins de brasseurs qu'en Allemagne.

M. CHARLIE. — Mais il y en a 2,800 et cette industrie représente 5 millions de salaires !

M. JOUANNY. — Nous sommes à votre disposition pour une industrie quelconque puisque notre tarif est fait, et nous allons vous répondre.

M. MATIGNON. — La brasserie, au *tarif moyen*, avec la garantie totale telle qu'elle est établie par la loi de 1898, serait assurée pour une prime d'environ 4 0/0, y compris l'incapacité temporaire ainsi que tous les frais judiciaires, les frais médicaux et pharmaceutiques, en un mot, tous les risques.

M. CHARLIE. — Une compagnie à primes fixes demande 5 0/0 avec le camionnage et 4 0/0 sans camionnage.

M. JOUANNY. — Ces prix sont conformes à ceux du Syndicat.

M. CHARLIE. — En somme, cela revient à dire que vous faites 4 0/0 au lieu de 4,5 0/0, prime moyenne.

Je vous remercie, Messieurs, de cette indication.

M. EDELINE. — Et pour le caoutchouc?

M. MATIGNON. — Nous demanderons une prime de 2 à 2 fr. 50.

M. EDELINE. — On nous demande 3 0/0.

M. BAILLY. — Quel serait le taux pour la blanchisserie?

M. MATIGNON. — La prime serait de 2 0/0.

M. JOUANNY. — Les compagnies demandent 3 francs.

Un AUTRE MEMBRE. — Et pour les carrières et fabriques de plâtre?

M. MATIGNON. — Voulez-vous parler des *fabricants de plâtre avec extraction?*

Le MÊME MEMBRE. — Parfaitement.

M. MATIGNON. — La prime serait de 6 francs.

M. JOUANNY. — Le tarif général des compagnies est de 7 francs.

M. AMSON. — Quel serait le taux applicable à la maroquinerie?

M. MATIGNON. — Il serait de 0 fr. 60 environ au lieu de 1 franc au tarif du Syndicat.

M. AMSON. — Ce taux s'appliquerait-il aux maroquiniers qui ont un outillage?

M. MATIGNON. — Parfaitement, mais il s'agit toujours, bien entendu, d'un tarif moyen.

M. AMSON. — En général, dans notre industrie, un quart des ouvriers travaillent à des outils dangereux et les trois autres quarts ne courent aucun risque.

M. LE PRÉSIDENT. — C'est ce qui fait que l'on vous demande une prime aussi faible.

M. AMSON. — Alors, pour l'ensemble des risques à couvrir, y compris tous les ouvriers et employés, le taux serait environ de 0 fr. 60.

M. JOUANNY. — Parfaitement.

M. PAUPIER. — Quelles seraient les primes pour les machines agricoles et pour les instruments de pesage?

M. MATIGNON. — Il y a une distinction à faire entre les instruments petits ou gros.

S'il s'agit des gros, ce serait 3 francs, et pour les petits instruments de pesage, 2 francs.

M. JOUANNY. — Le Syndicat assure ces professions à 5 francs et à 2 fr. 50.

M. PAUPIER. — Je demanderai alors quelle prime pourrait m'être appliquée, car je fabrique également des gros et des petits instruments de pesage?

M. MATIGNON. — Nous avons dit tout à l'heure que, suivant la fabrication et la nature de l'outillage, la prime serait augmentée ou diminuée ; dans le cas qui vous intéresse, on établira un taux moyen entre ceux qui vous ont été indiqués.

M. AUCOC. — Je vous demande, au nom du Syndicat des bijoutiers et joailliers, quelle sera la prime appliquée à leur industrie?

M. LE PRÉSIDENT. — Permettez-moi de vous répondre que, dans une réunion de votre Syndicat à laquelle vous avez fait l'honneur à notre ami JOUANNY de l'inviter, il y a quelques jours, ce renseignement vous a été donné.

Au reste, nous avions parlé seulement d'indiquer deux ou trois taux et nous en avons déja donné un nombre beaucoup plus considérable.

M. PROT. — Je demanderai encore une indication au sujet d'une industrie qui a quelque importance, la parfumerie.

M. MATIGNON. — Le taux sera de 1 fr. 20.

M. JOUANNY. — Le prix du syndicat est de 1 fr. 50.

M. MAUREY-DESCHAMPS. — Et pour la brosserie?

M. LE PRÉSIDENT. — Nous donnerons le taux applicable à la brosserie comme dernière indication ; sans cela, autant vaudrait afficher notre tarif. (*Marques d'assentiment.*)

M. MATIGNON. — La brosserie comporte deux divisions ; pour la brosserie avec scierie mécanique, le taux sera de 6 francs.

M. JOUANNY. — Au lieu de 7, d'après le tarif du syndicat.

M. MAUREY-DESCHAMPS. — Je vous demande pardon, car des offres me sont faites par une Compagnie à primes fixes à 3 francs. C'est la Compagnie à laquelle je suis assuré depuis 25 ans et dont je tairai le nom. Cette société m'assurait à 0 fr. 80 pour mille et me demande 3 francs actuellement : je vous donne cette indication à titre de renseignement.

M. MATIGNON. — Il faudrait que nous sachions exactement s'il est question de brosserie avec procédés mécaniques et dans quelle proportion entre la scie mécanique....

M. MAUREY-DESCHAMPS. — J'ai environ vingt scies mécaniques.

M. JOUANNY. — Voulez-vous me permettre un mot?

Le tarif général des compagnies est de 7 francs pour la brosserie avec scierie mécanique, mais il n'est que de 1 fr. 50 pour les autres.

Or, nous demandons 6 francs dans le premier cas et il est bien entendu que, pour chaque individualité, le prix indiqué se réfère à l'industrie en général. Vous êtes, d'ailleurs, Monsieur, veuillez le remarquer, le seul exemple d'une dérogation au tarif général, car toutes les primes qui nous ont été indiquées jusqu'à présent sont la confirmation du tarif du syndicat, et, si nous examinons au fond le prix qui vous est offert, il est aisé de voir qu'un prix moyen vous a été concédé, et cette moyenne, la « Mutualité industrielle » est prête à vous l'offrir après avoir étudié votre risque, si vous voulez bien nous en fournir les éléments. (*Très bien! très bien! Applaudissements.*)

M. LE PRÉSIDENT. — Je crois inutile, Messieurs, de prendre de nouveaux exemples.

M. Jouanny vous a parlé de tarifs et d'instructions confiées à titre personnel et confidentiel aux agents des compagnies à primes fixes; ce qui est bon pour ces compagnies l'est aussi, je le crois, pour nous-mêmes. (*Marques d'assentiment.*)

M. SARTIAUX. — Mais il n'est pas possible que nous revenions devant nos chambres syndicales sans leur indiquer le tarif qui leur est attribué : on pourrait au moins le communiquer au président de chacune d'elles.

M. LE PRÉSIDENT. — Nous sommes à la disposition de tous les présidents qui voudront bien nous convoquer pour leur fournir toutes les indications nécessaires. Mais, permettez-moi, Messieurs, d'appeler toute votre attention sur cette question des moyennes par profession, qui, la plupart du temps, sont un leurre, un trompe-l'œil ; il est absolument indispensable, pour éviter des surprises dans l'avenir et des charges onéreuses dans le présent, de pouvoir rapprocher tous les éléments constitutifs d'un risque; c'est à cette préoccupation que répondent les questionnaires qui vous sont distribués par les compagnies et que nous mettrons comme elles à votre disposition.

M. JOUANNY. — Les exemples que nous venons de vous donner, et nous ne regrettons pas de les avoir donnés aussi nombreux, vous apportent la confirmation de ce que nous avions avancé le 20 mars dernier, à savoir qu'une société d'assurances mutuelles devait vous offrir un avantage sur les prix demandés par les compagnies à primes fixes.

Messieurs, il ne faut pas qu'il y ait de confusion dans vos esprits et nous tenons à ce que nos explications ne prêtent à aucune équivoque. Le prix que nous vous demandons, c'est ce que l'on appelle : le *fonds de prévoyance*; il devra être majoré d'une fraction de 2/5 pour parfaire le *maximum d'engagement de garantie*, auquel nous vous demandons de souscrire.

Le taux que nous vous offrons est donc plus faible que celui des compagnies à primes fixes, et le maximum d'engagements que nous vous demandons lui est très peu supérieur. Vous ferez certainement le raisonnement bien simple que, si toutes les mauvaises fortunes tombent sur nous et nous obligent à surélever en fin d'année la prime, il est plus que probable que nous n'arriverons jamais à dépasser le prix qui vous est demandé par la compagnie d'assurances à primes fixes qui, elle, doit vivre, assurer complètement son exercice, et réaliser des bénéfices. En vous demandant un maximum de garantie, vous ne prenez qu'un engagement éventuel qui n'a aucune chance d'être atteint; et comme contre-partie, n'oubliez pas, Messieurs, que toutes les économies vous appartiennent.

C'est donc avec la conviction profonde de sauvegarder vos intérêts, que nous vous demandons d'adhérer à la Mutualité industrielle.

Voici, Messieurs, toutes les explications que nous avions à vous donner concernant les tarifs, nous craignons même de les avoir trop répétées, et de nous être laissé aller, inconsciemment, à de fatigantes redites. (*Dénégations.*)

Je conclus, Messieurs, la société la Mutualité industrielle sera bientôt prête à fonctionner, une prochaine assemblée générale de la Caisse d'assurance des Chambres syndicales va dans quelques jours opérer sa transformation.

Cette société s'offre à vous; elle a étudié des taux de primes dont nous venons de vous donner des exemples, mais elle ne peut vous donner individuellement des prix que sur des propositions individuelles. C'est à vous, Messieurs les présidents des Chambres syndicales, c'est à tous les industriels que nous allons adresser, ces jours-ci, une proposition d'adhésion à cette mutualité, nous y joindrons le questionnaire type que doit présenter toute société d'assurances, et que présentent toutes les sociétés d'assurances de tout ordre, pour offrir, à chacun de vous individuellement, le prix qui correspond à son risque personnel, risque très variable, même dans les professions identiques, ainsi que vous l'expliquait tout à l'heure mon ami Pinard, et je ne saurais trop encore insister sur ce point.

Nous espérons que vous répondrez en grand nombre à ce questionnaire, et que vous viendrez grossir les rangs de ceux qui ont déjà adhéré. En effet, Messieurs, aujourd'hui alors que nous ne sommes qu'en formation, nous avons déjà reçu des demandes d'assurance pour plus de 20 millions de salaires.

Notre cautionnement n'est pas encore entièrement souscrit, mais il est déjà en bonne voie, et nous comptons sur votre concours pour nous en faciliter la réalisation. Nous émettons, vous le savez, des parts de mille francs, productives d'intérêt à 4 0/0, et remboursables dans une période que détermineront les statuts.

Cet intérêt, d'ailleurs, ne saurait être une charge sensible pour notre Société, puisque le taux de notre cautionnement nous rapportera déjà environ 3 0/0 à la Caisse des dépôts et consignations.

Je n'ai plus qu'un mot à ajouter : c'est que nous espérons avoir bien rempli la tâche que vous nous aviez confiée, et que nous avions assumée dans l'intérêt de la mutualité et dans un esprit de confraternité syndicale. (*Vifs applaudissements.*)

DISCUSSION DU RAPPORT DE M. JOUANNY

M. LE PRÉSIDENT. — Messieurs, vous venez d'entendre l'exposé si net et si documenté de M. Jouanny : je suis prêt à donner la parole à ceux d'entre vous qui auraient des explications complémentaires à nous demander ou des observations à nous présenter à ce sujet.

Quelqu'un demande-t-il la parole ?

M. CAPITAIN-GÉNY. — Je voudrais savoir si les primes dont vous venez de nous parler couvrent l'incapacité temporaire ?

M. LE PRÉSIDENT. — Parfaitement : les primes indiquées couvrent le plein de l'assurance, les pensions et l'incapacité temporaire.

M. MATIGNON. — Et tous les frais inhérents.

M. LE PRÉSIDENT. — Remarquez bien que vous pouvez rester vos propres assureurs pour les incapacités temporaires et ne vous assurer que pour les risques des pensions; dans ce cas, la prime devra subir une réduction proportionnelle.

M. CAPITAIN-GÉNY. — Dans quelle proportion ?

M. JOUANNY. — Cela varie avec chaque industrie.

M. LE PRÉSIDENT. — Messieurs, les exemples qui viennent de vous être donnés prouvent le grand intérêt qu'il y a à remplir exactement le questionnaire qui va vous être envoyé, car, de l'ensemble des réponses que vous ferez à ces questions, il ressortira pour nous une moyenne individuelle applicable à chacun de vous et étudiée sérieusement et spécialement en vue de son risque propre.

M. JOUANNY. — Nous n'attendons plus, pour avoir ce questionnaire, que la diligence d'un imprimeur que je ne veux pas désigner, parce qu'il est ici, mais nous sommes certains de sa célérité.

M. ARMENGAUD. — Je désirerais être renseigné sur la publicité que compte faire votre société en dehors de celle qui sera faite par les syndicats eux-mêmes ; la Mutualité industrielle se servira-t-elle de courtiers ; créera-t-elle des agences en province ?

M. LE PRÉSIDENT. — Nos principaux courtiers seront les syndicats.

M. ARMENGAUD. — Oui, mais, en dehors des syndicats, y aura-t-il des agences en province pour relancer les industriels qui ne font pas partie des syndicats, et il y en a un grand nombre.

M. LE PRÉSIDENT. — Le meilleur et le plus désintéressé des courtiers, nous l'avons eu jusqu'à aujourd'hui, c'est M. Jouanny, qui a toujours été sur la brèche et qui s'est tenu, depuis quinze jours et plus, à la disposition des syndicats qui désiraient lui demander des explications supplémentaires dans les séances qu'ils ont tenues à propos de cette question.

M. JOUANNY. — Messieurs, les présidents des syndicats que je vois ici et qui m'ont fait l'honneur de croire que je pourrais apporter à leurs syndiqués quelques renseignements utiles, peuvent vous dire que mon courtage a un caractère particulier de prosélytisme : je reste à la disposition de chacun de vous, et si vous croyez utile que je vienne dans les assemblées de vos syndicats donner quelques explications complémentaires, je le ferai encore avec le plus grand plaisir. (*Marques d'approbation.*)

M. ARMENGAUD. — Je crois, Messieurs, que ma question n'a pas été bien comprise; je ne parlais pas du zèle et de la propagande de M. Jouanny, je disais et je répète qu'il y a un grand nombre d'industriels n'appartenant à aucun syndicat, soit parce qu'ils ont toujours marché individuellement, soit pour toute autre raison, et je me demande si, comme le font les compagnies à primes fixes, la Mutualité industrielle aura en province des agents qui pourraient arriver, bien certainement, à lui amener un grand nombre d'adhésions de ce genre.

M. JOUANNY. — Messieurs, la réponse à la question posée par M. Armengaud est des plus simples : certainement, nous aurons des inspecteurs; certainement, nous les rétribuerons, mais ce n'est pas là de la publicité.

Nous rechercherons, par nos inspecteurs, les assurés qui ne viendront pas à nous par les syndicats professionnels, mais nous avons la conviction que les syndicats et les chambres de commerce nous apporteront une ample moisson. J'en ai la preuve dans une visite reçue ces jours-ci de délégués de l'Union des chambres syndicales lyonnaises, qui nous ont demandé ce que nous allions faire, parce que ce groupe, très important comme groupe industriel, se préparait à étudier une organisation analogue à celle que nous créons. Ces Messieurs sont repartis en voulant bien nous féliciter de l'œuvre que nous avions commencée et en nous disant que, certainement, ils allaient rendre compte de nos travaux et proposer à leur Union syndicale de s'allier à notre entreprise.

Ce n'est pas tout; nous avons reçu au même moment et presque le même jour une lettre très importante du président du Tribunal de commerce de Toulouse, qui nous disait : Que faites-vous à Paris; vous organisez-vous? Il nous semble que les chambres de commerce françaises devraient prendre l'initiative de préconiser l'organisation de mutuelles générales, et nous sommes disposés à nous mettre en rapport avec vous pour que notre Chambre de commerce et d'autres du Midi préconisent une organisation répondant à des besoins généraux et ayant des ramifications dans toute la France.

Nous avons répondu en informant ces Messieurs de nos travaux, comme nous l'avons fait pour la Chambre de commerce de Paris. Cette assemblée, toujours soucieuse de défendre vos intérêts, a, d'urgence, provoqué une réunion spéciale de son Bureau, et cela a été presque une ovation pour notre président, que ces Messieurs ont vivement félicité de l'initiative que nous avons prise. La Chambre de commerce (je puis le dire sans crainte d'être démenti par son distingué représentant) n'a regretté qu'une chose, c'est que les statuts de cette compagnie ne lui permissent pas de nous venir en aide autrement que par des encouragements. Elle a bien voulu nous autoriser à dire que nous avons son appui moral de la façon la plus absolue et que l'entreprise que nous poursuivons a réellement le caractère d'une œuvre d'intérêt général.

Alors qu'une si haute autorité vient approuver notre organisation ; alors que Lyon, Toulouse et d'autres villes industrielles nous adressent les mêmes éloges et viennent rechercher la même organisation, nous croyons que nous aurons prochainement avec nous, non seulement la plus grosse partie de l'industrie parisienne, mais encore la plus grosse partie de l'industrie française.

M. DELARBRE. — Je voulais ajouter quelques mots, mais je n'insiste pas en présence des explications si nettes que vient de nous donner M. le Rapporteur.

M. LE PRÉSIDENT. — Il nous reste à vous demander, Messieurs, si vous ne pensez pas qu'il y ait lieu de nommer, dès aujourd'hui, le Conseil syndical ; dans une réunion que nous avons eue ces jours-ci, nous avons préparé, à cet effet, une première liste que nous allons avoir l'honneur de soumettre à votre approbation.

M. SCHWEIZER. — Pourriez-vous, d'abord, nous indiquer, Monsieur le Président, quelle serait la situation de ceux qui s'assureraient à des compagnies étrangères ?

M. LE PRÉSIDENT. — Vous soulevez là, mon cher collègue, une question très délicate ; elle a d'ailleurs fait l'objet des préoccupations, non seulement de votre Commission, mais, je puis le dire, de la Commission chargée de l'élaboration des règlements d'administration publique.

A ce sujet, je puis vous communiquer le résultat d'une étude que nous avons faite récemment.

L'article 27 de la loi dit : Les compagnies d'assurances mutuelles ou à primes fixes, françaises ou *étrangères*, sont soumises à la surveillance et au contrôle de l'Etat ; elles sont astreintes à constituer des réserves ou cautionnements dans les conditions déterminées par un règlement d'administration publique.

Or, le récent décret du 28 février spécifie bien, à l'article 2, que les compagnies d'assurances françaises ou *étrangères* doivent justifier de la constitution d'un cautionnement déposé à la Caisse des dépôts et consignations, en valeurs françaises désignées à l'article 8, et l'article 4 de l'arrêté ministériel du 29 mars fixe spécialement pour les sociétés étrangères ce cautionnement avec une majoration de 50 0/0 sur celui des sociétés françaises ; mais les articles 7 et suivants du décret du 28 février semblent absolument muets sur la constitution et l'emploi des réserves mathématiques, ainsi que sur la surveillance et le contrôle de l'Etat, en ce qui concerne les compagnies *étrangères*. Nous ne retrouvons en effet cette dernière qualification d'*étrangères* qu'à l'article 20, qui oblige ces compagnies à accréditer auprès du Ministre du commerce et de la Caisse des dépôts et consignations un agent spécialement préposé à la direction de toutes leurs opérations faites en France.

Vous voyez donc, Messieurs, quelle serait la situation à l'heure actuelle ? Alors que toutes les compagnies françaises, qu'elles soient à primes fixes, ou mutuelles, sont mises sous la dépendance de l'État, puisqu'elles sont continuellement placées sous sa surveillance et son contrôle, et astreintes à constituer des réserves mathématiques sujettes à la vérification permanente des agents du Ministère, les compagnies étrangères échapperaient à toutes ces obligations.

Dans ces conditions, ces compagnies ne pourraient-elles pas, en toute liberté, à leur convenance, à l'aide de primes établies à un taux trop faible, procéder au drainage des capitaux de l'industrie française ?

Le danger serait double ; car, en dehors de l'émigration du capital national, le jour où, par suite d'événements imprévus, une de ces compagnies étrangères, reconnues mais non surveillées effectivement par l'État, viendrait à faire défaillance, son passif-accidents retomberait de tout son poids à la charge du fonds spécial de garantie alimenté par les quatre centimes additionnels des patentes (article 25 de la loi).

Je n'entrevois, pour ma part, qu'une solution réellement pratique de satisfaire aux prescriptions de l'article 27 de la loi, c'est l'obligation pour les compagnies étrangères d'effectuer le versement de leurs réserves mathématiques, en valeurs françaises, à la Caisse des dépôts et consignations. Il appartiendrait à qui de droit de tenir la main à ces obligations.

Je n'insiste pas davantage, vous comprenez pourquoi… (*Vifs applaudissements*) je tiens à le déclarer, il s'agit là non seulement d'une question d'intérêt pour l'industrie, mais vous me permettrez aussi d'ajouter, d'une question d'intérêt patriotique ! (*Nouveaux applaudissements.*)

M. ARMENGAUD. — Je demande encore la parole (*sourires*) mais simplement pour appuyer ce que vient de dire M. le Président, d'autant plus que les compagnies dont il parle, ayant leur siège social à l'étranger, en cas de défaillance de leur part, elles n'auraient en France, en général, qu'un dépôt complètement insuffisant pour garantir leurs sinistres.

M. DELARBRE. — Et, quand même elles feraient élection de domicile à Paris pour leurs affaires françaises, je ne vois pas très bien comment leur portefeuille pourrait être effectivement soumis à la surveillance des commissaires contrôleurs.

M. LE PRÉSIDENT. — Voici, Messieurs, la liste dont je vous ai parlé et sur laquelle figure un certain nombre de noms qui vous sont tous très connus ; une partie des personnes inscrites sur cette liste assistaient à une réunion spéciale des présidents de syndicats qui s'est tenue il y a quelques jours : nous vous demandons, Messieurs, de bien vouloir nommer ces Messieurs membres du Conseil syndical.

J'ajoute que, comme le disait tout à l'heure notre rapporteur, le nombre des membres de ce Conseil n'étant pas limité, si quelques-uns de nos collègues désiraient, par dévouement à l'œuvre dont nous poursuivons la réalisation, en faire partie, nous serions prêts à les admettre; de même, si quelqu'un d'entre vous veut bien nous indiquer, parmi les absents, un président ou un industriel qu'il désirerait voir figurer également parmi nous, nous sommes prêts à l'ajouter à notre liste.

MM.

AMSON, président de la Chambre syndicale de la maroquinerie.

ANTOINE, vice-président de la Chambre syndicale des marchands de charbon de terre.

APPERT, président des Fabricants de cristaux et verreries de France.

AUCOC, président de la Chambre syndicale de la bijouterie-joaillerie.

BELIN, vice-président du Comité central des Chambres syndicales.

CAMILLE aîné, président de la Chambre syndicale des loueurs de voitures de luxe.

COÏON, président du Syndicat général des fabricants de chaussures de France.

DAVID-MENNET, vice-président de l'Association générale des tissus et matières textiles.

DEBAIN, président de la Chambre syndicale des orfèvres.

DEMAITRE, vice-président de la Chambre syndicale des mécaniciens-chaudronniers-fondeurs.

DELARBRE, président de la Chambre syndicale du commerce et de la fabrication de la quincaillerie.

DEUTSCH (Em.), président de l'Association syndicale du commerce des huiles.

DRESSOIR, trésorier du Syndicat général des fabricants de chaussures de France.

DURUY, vice-président de l'Alliance syndicale du commerce et de l'industrie.

EDELINE, président de la Chambre syndicale des blanchisseries et buanderies de France.

EGROT, président de la Chambre syndicale des instruments d'agriculture de France.

EXPERT-BEZANÇON, président du Comité central des Chambres syndicales.

FONTAINE, secrétaire général du Syndicat des usines d'électricité.

FUMOUZE (A.), membre de la Chambre syndicale des produits pharmaceutiques.

GALLET, membre de la Chambre syndicale de la parfumerie française.

GOUGELET, vice-président du Syndicat des fournisseurs du bâtiment.

GUILLAUMET, président de la Chambre syndicale de la teinture, etc.

HARANT, président de la Chambre syndicale de la céramique et de la verrerie.

MM.

HARTMANN, président de l'Union des syndicats de l'alimentation en gros.

HIRSCH, président de la Chambre syndicale du nickel pur.

HURÉ, membre de la Chambre syndicale des mécaniciens-chaudronniers-fondeurs.

JOUANNY, vice-président du Comité central des Chambres syndicales.

JOUET, secrétaire de la Chambre syndicale des imprimeurs lithographes.

KESTER, président de la Chambre syndicale du commerce en gros des vins et spiritueux.

LEDUC, président du Comité supérieur de la chapellerie française.

LEFEBVRE (G.), président de la Chambre syndicale des produits chimiques.

LEGRAND (Ch.), président de l'Association générale des tissus et matières textiles.

LEMOINE (C.), membre du Syndicat général des cuirs et peaux de France.

MARGUERY, président du Groupe de l'alimentation parisienne.

MICHAUD, président de la Chambre syndicale de stéarinerie et savonnerie.

OUACHÉE, président du Syndicat des fournisseurs du bâtiment.

OUTHENIN-CHALANDRE, vice-président de l'Union des fabricants de papiers de France.

PELTEREAU (Placide), secrétaire du Syndicat général des cuirs et peaux de France.

PIAT, président du Syndicat général des fondeurs en fer de France.

PICHOT, membre de l'Union des maîtres imprimeurs de France.

PINARD, président de l'Alliance syndicale du commerce et de l'industrie.

POULLAIN, président du Syndicat général des cuirs et peaux de France.

PREVET (J.), président de la Chambre syndicale des fécules.

PROT, président de la Chambre syndicale de la parfumerie française.

PUTOIS, président de la Chambre syndicale du papier et des industries qui le transforment.

RUEFF, vice-président du Syndicat maritime de France.

SARTIAUX, président du Syndicat des industries électriques.

SCIAMA, membre du Syndicat des industries électriques.

SIMON (Eug.), vice-président du Syndicat général du commerce et de l'industrie.

Je tiens à redire que cette liste n'est qu'énonciative et qu'elle n'est aucunement limitative.

Personne ne réclame d'autres inscriptions ! Au reste, il sera toujours temps d'en ajouter, vous le savez, Messieurs.

Je mets aux voix la nomination des personnes dont la liste vous a été lue tout à l'heure en qualité de membres du Conseil syndical.

Après avoir procédé à l'épreuve contraire, M. le Président déclare élues les personnes inscrites sur la liste précédente.

M. LE PRÉSIDENT. — Il est bien entendu que ce Conseil syndical aura à nommer, en temps utile, les membres du Conseil d'administration et que, en tout état de cause, les statuts mentionneront que les commissaires censeurs seront toujours pris parmi les membres du Conseil syndical.

Personne ne demande plus la parole?

Que ceux qui ont confiance nous suivent : notre dévouement est entièrement à leur disposition. (*Applaudissements prolongés.*)

La séance est levée à quatre heures moins cinq minutes.

LE PRÉSIDENT,

A. PINARD.

LE RAPPORTEUR,

JOUANNY.

3466. — Paris, Impr. Ed. DURUY, 22, rue Dussoubs. — 1-99.